黃煜文　譯

LEONARD
KOREN
李歐納·科仁

Wabi-Sabi

Further
Thoughts

再探侘寂

目錄

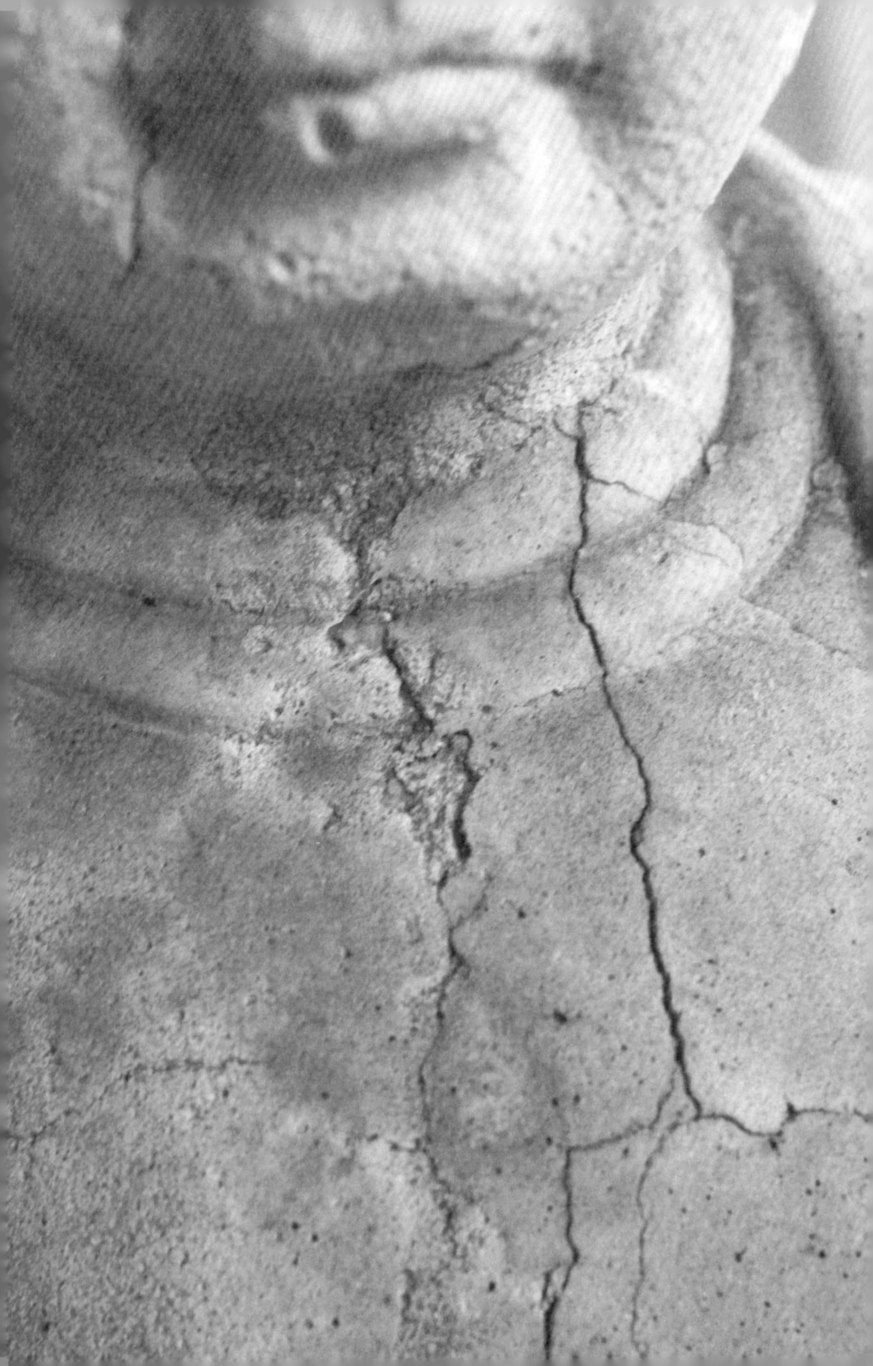

前言

一九九四年，我在《侘寂 Wabi-Sabi：無常、不完美、未完成，以「無」為核心卻蘊含廣袤可能性的哲學》（*Wabi-Sabi: for Artists, Designers, Poets & Philosophers*）引進「侘寂」一詞。我在書裡提到，「侘寂是事物不完美、非永存和未完成之美。那是審慎和謙遜之美。亦是不依循常規的美……」[1]我也指出侘寂是日本文明的重要美學感受。

我在前一本書提到侘寂的觀察與原則，一些喜愛美學的人或許對這些主題一直很感興趣，只是過去沒有人以如此力道來介紹這些概念，或者未遇到文化上較能接受新事物的時機。[2]結果，許多人發現這本書的用語與概念架構可以用來描述他們的作品面向。有些人甚至因此獲得靈感創作出新的作品。經過一段時間之後，其他作家與思想家也開始匯整這些理論與解釋，寫出一連串討論侘寂的新書。

我很高興許多人接受了侘寂的典範。然而，前一本書的重點是以淺顯易懂的方式介紹侘寂，因此省略了對日文侘與寂這兩個字結合起來的背景說明。這使得許多人誤解了侘寂在日本歷史裡的真正地位。本書的寫作目的，有部分就是為了澄清這些誤解。本書的目標是清楚說明侘寂是怎麼形成的，並且藉由這個過程進一步解釋侘寂的性質。（從另一個層次來說，本書可以做為一種方法論的「指南」，提供有心創造新美學典範的人一個參考。）

本書最後兩章談的是不同的主題：侘寂在當代世界的地位。我希望讓讀者一同來思考，侘寂的物質性（或者說它的本質）在未來的展望。

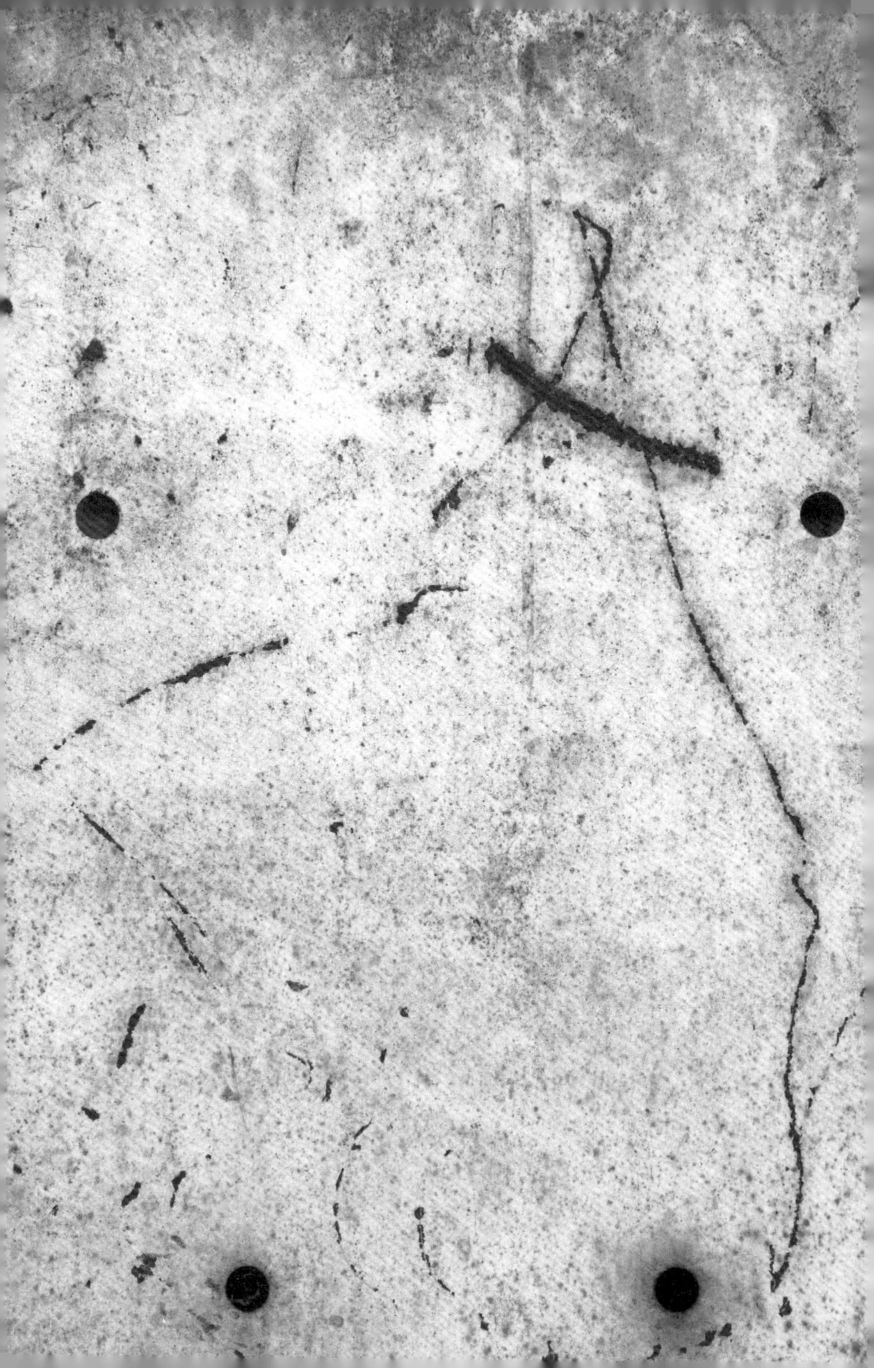

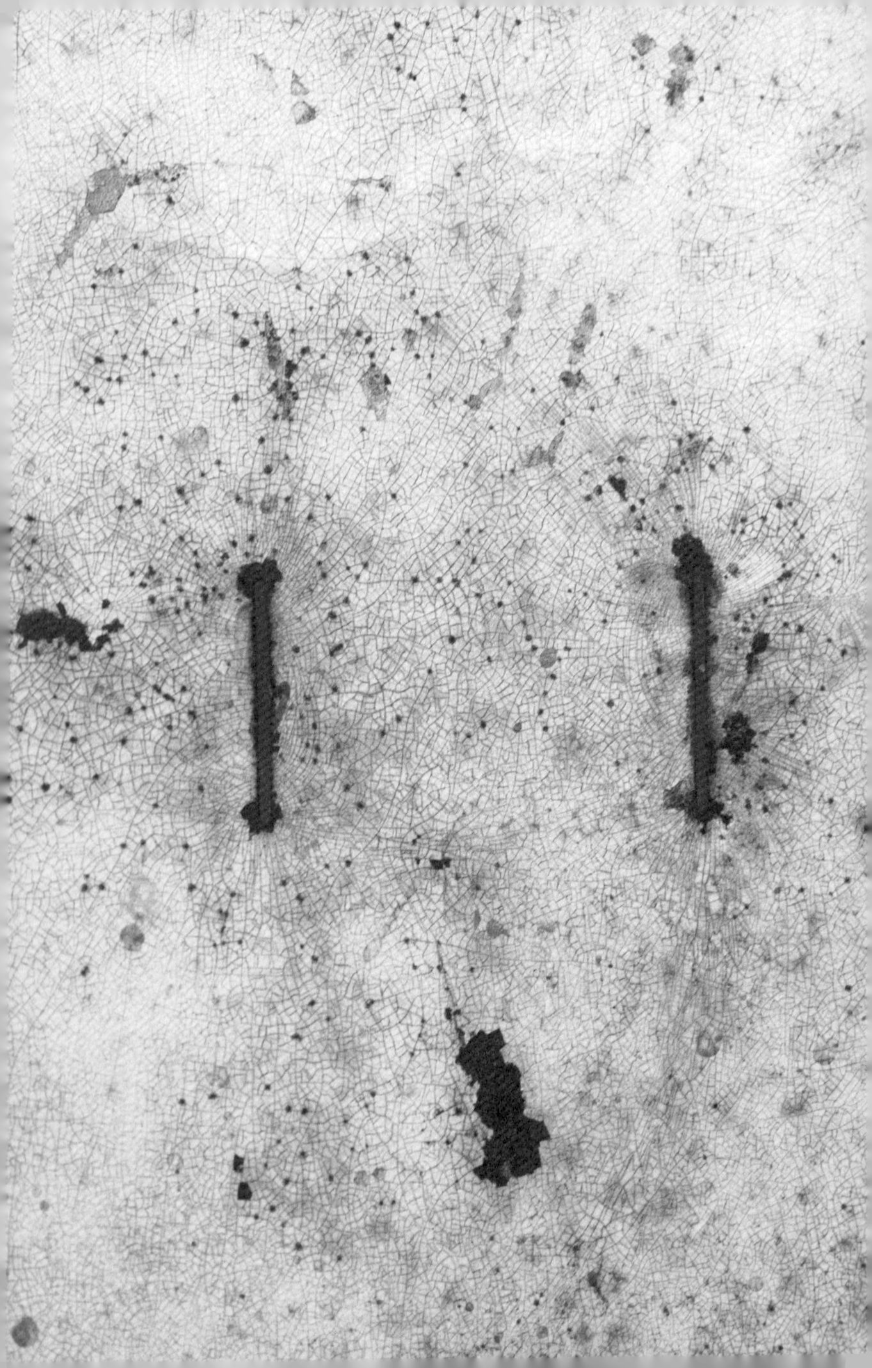

侘寂的宇宙

3

形上學的基礎

- 萬物若不是正從無中蘊生，就是正走向無。

精神價值

- 觀察大自然可以得知真理
- 「偉大」總是隱藏在不起眼和遭人忽略的細節中
- 醜之中可以誘導出美

心境

- 接受無可避免的狀況
- 欣賞宇宙的秩序

道德準則

- 去除一切不必要的東西
- 重視事物的內涵，忽視物質的階級地位

材質特性

- 顯示自然造化的過程
- 不規則
- 私密
- 不矯飾
- 原始鄉土氣息
- 黑暗陰鬱
- 簡樸

侘寂可說是一種「包羅萬象」的美學體系。侘寂的世界觀，或者說宇宙，是自我指涉的。侘寂提供我們一條整合的門徑，使我們能探討存在（形上學）、神聖知識（精神性）、情感滿足（心境）、行為（道德）以及觀看與感受事物（物質性）的最終本質。美學體系裡的各個組成部分若能越有系統，而且定義越清楚，用途就越廣；越能掌握概念，就越能回歸到最基本的核心。

侘寂溯源 I

困惑的源頭。如果你翻查日文字典，想找出「わびさび」（侘寂，wabi-sabi 或 wabi sabi）這個字，你一定會感到失望。因為字典裡根本沒這個字。[4] 然而耐人尋味的是，如果你詢問有一定教育程度的日本人，問他們知不知道侘寂是什麼意思，他們會異口同聲地說知道，即使他們認為要清楚解釋侘寂這個字幾乎是不可能。

那麼，侘寂這個字究竟該怎麼解釋？

寂（さび，sabi）是個歷史悠久的詞彙，日本現存最古老的詩歌總集《萬葉集》即可見到蹤跡。《萬葉集》成書於八世紀，當時日本的民族認同首次開始成形。在這個時期，日本主要的文化學習對象是中國。寂這個概念就是從中國的詩文借來，意思是「孤寂淒涼」。

到了十三世紀，寂成為重要的關鍵詞彙與日本詩歌的藝術理想。寂的感受也進入到日本其他藝術領域，如文學、繪畫、戲劇、室內設計等等。在這個時期，寂的意義包括「欣賞古老、枯萎與孤寂」以及「事物衰頽之美」。寂的感受也讓人領略到在「消逝」、「殘缺」、「不圓滿」、「隱晦」、「疏淡」，與「不協調」的事物背後蘊含著美的觀念。[5]

（值得一提的是，sabi 也有「生鏽」的意思，也就是鐵氧化時轉變成赭紅色的過程。這個字義來自完全不同的詞源。在經過一段時間之後，生鏽開始與寂乃至於侘寂的其他意義結合。）

十五世紀晚期，出現了侘（わび，wabi）一詞，這個詞除了用來描述寂的情感狀態，也用來說明新形式的日本品茶儀式：侘茶（わび茶，wabi-tea）。品茶儀式在日本又稱為茶湯（茶の湯，chanoyu，原意「用來泡茶的熱水」）或茶道（chado 或 sado，原意「茶之道」，指品茶儀式是一種精神修行）。最初，茶是由禪宗僧人從中國引進到日本，僧人打坐參禪時，藉由品茶儀式來保持清醒。之後，原本單純的品茶被上層階級與武士添入各種有趣的活動，例如茶會（可能飲酒，也可能不飲酒）與鬥茶（品評茶味高下）。茶成為嚴肅藝術活動的焦點，是從村田珠光（1423-1502）開始的，而村田珠光就是侘茶的創始人。[6]

跟寂一樣，侘也是個歷史悠久的詞彙，而且也能在《萬葉集》中找到。從字詞的根源來看，侘指「發自內心、謙卑地道歉」。起初，侘帶有負面的意思。但經過數百年的演變，侘的字義在茶道文化裡有了大幅變化，蘊含豐富的詩意：「悲慘的」、「可悲的」、「貧乏的」、「淒涼的」、「無人哀憐的」、「孤獨的」，與「無望的」。

往後一百年，侘茶變得十分風行。在這個時期，侘的意義經常與寂重疊。換言之，侘通常指的就是寂。

侘茶的發明。侘茶孕生發展於日本的社會與政治陷入動盪不安的時期，這個戰亂相尋的時代又稱為戰國時代（1466-1598），也有人將其與歐洲黑暗時代相比。我們也許可以公允地說，侘茶的出現，起初是為了因應現實中的災難而在美學上做的調適。當時許多人的財物毀於兵燹，其中不乏來自中國的珍貴茶具。民眾需要代用品，因此形狀不規則而質地粗糙的日本茶具應運而生。這些用品雖然不像中國茶具那樣細緻典雅，卻實用價廉，於是便開始運用在茶道上。

孕育侘茶文化的地點是茶室。侘茶室的空間狹小，外觀質樸。茶室通常位於獨立的小屋內，周圍環繞著庭園。在茶室裡，人可以遠離外界的困頓與煩惱，可以免除傳統社會價值束縛，創造出獨立的藝術觀與哲學觀。[7]

侘茶藝術冒險的領導者是茶人，也就是籌畫與主持茶會的傑出人物。侘茶出現之前的日本茶道，是在茶室以外的地方準備茶水，然後由僕人端進茶室。侘茶的作法則是由茶人親自泡茶奉茶。到後來，為了徹底揮別過去的茶道傳統，侘茶甚至捨棄家具，直接在茶室地板上當著賓客的面泡茶奉茶。

茶人必須親自參與設計、製造與取得茶道器具與茶道環境的過程。最受尊敬的茶人是以自身的創意，乃至於打破傳統而聞名於世；一味地模仿抄襲會遭受惡評。這種狀況促使每個茶人努力打造種類多樣、不落窠臼的茶具與環境，侘的觀念也就因此透過多樣的藝術詮釋而持續不斷地被重新想像與擴展。因此，究竟「侘」是什麼，我們難以找到廣泛一致的共識。

絕大多數的侘茶人都知道，所有事物（無論是實體物品、環境或事件）的意義與重要性，都需要仰賴與其他事物的比較或聯想才能體現出來。因此，歷史悠久的物品可以跟嶄新的事物並列；舶來品可以跟國貨放在一起；光滑的與粗糙的、昂貴的與廉價的、眾人皆知的與沒沒無聞的、繁複的與簡樸的……

要創造出具有侘風格的物品，最常見的做法是重新運用舊事物，或是使用與茶無關的物品，想辦法使它們展現出新的功用或象徵意義。舉例來

說，農民吃飯用的碗可以當成茶碗，空油瓶與空藥罐也能改造成茶葉罐。同樣地，不丟棄破損的鍋碗瓢盆，反而仔細予以修復供茶室使用。

基於同樣的精神，茶室屋頂採用了農舍的茅草修葺風格，使人聯想到卑微農民的生活或苦行的隱逸詩人。有時茶室的牆壁未經粉刷，牆壁內部的結構清晰可見，全是竹編的格子框架。換言之，要以詩意的方式刻意營造出安貧樂道的意象。

侘也從其他藝術形式中汲取了養分。侘茶的茶會主人在進行儀式性的「表演」時力求動作簡省精確，某種程度來說，這是受到能劇（一種日本音樂劇形式）肢體動作的啟發。侘茶吸收了能劇隱微飄渺的氣息，這種氣息稱為幽玄。幽玄使人懷想若有似無的彼世之境，也使人領悟日本神道教深不可測的存在之謎。（在神道教的宇宙觀裡，可見的世界與不可見的萬物有靈世界共存。）

最後同樣重要的是，禪宗所衍生出的觀念與視角構成侘茶的思想根基。

雖然禪宗因為強調行動踐履，而使得禪宗的修行對哲學論述少有助益，但禪宗的最終目標卻是精神上的開悟，因此禪寺經常是極為重要的文化交流據點。日本禪宗吸收並且重新運用儒學、道家乃至於神道教來解釋自身教義，這些學說後來有部分融入侘茶之中。所有傳奇的茶道宗師都曾在禪寺裡修行一段時間，千利休是歷史上最受尊崇的侘茶宗師，他曾說過一句名言，「在茶道的一切物件與器具當中，最重要的莫過於掛軸（掛在茶室凹間裡，通常是得道高僧留下的書法）。」[8] 這些掛軸普遍表現出充滿禪意的原則。

禪宗的態度也影響了茶室本身的設計，尤其是讓茶室走向極度簡約，避免人為矯飾，以及將貧困予以美學化。禪宗的文學作品經常提到安貧的必要。道元禪師（1200-1253）將曹洞宗從中國引進日本，他的弟子記錄他說的一段話：「其他宗派談到禪時，最推崇的就是安貧……過去我曾擁有土地財富，現在我只擁有一只碗與幾件衣服，但與過去相比，今日的我在身心上都遠比過去安適豁達……想修成正果，就必須安貧。」[9]

貧困的極致表現反映在茶會空間的縮減上。在侘茶時代初期，茶室大約只有四個半榻榻米大小，也就是二點三坪（約七點五平方公尺）。但到了晚期，茶室空間縮小到只剩原來的三分之一，也就是約零點八坪（約二點五平方公尺）。

謙遜與謙卑也是禪宗傳統。在侘茶時代初期，茶會的賓客可以站著走進茶室。到了晚期，賓客卻要用爬的才能穿過小門進入茶室，這種五體投地的姿態，蘊含著臣服的寓意。這種空間的壓縮與入口設計造成的謙卑效果，使與會者暫時忘卻了社會地位的高低，以平等之禮相待（至少理論上是如此）。

隨著侘茶時代不斷邁進，謙遜、謙卑與簡樸的傾向也越來越強烈。不僅認同一切事物都有「自身獨特的風格」，即使是平凡無奇之處也值得辨識與崇揚。茶室裡撤除的物品越來越多，把注意力更加集中在建築元素與剩

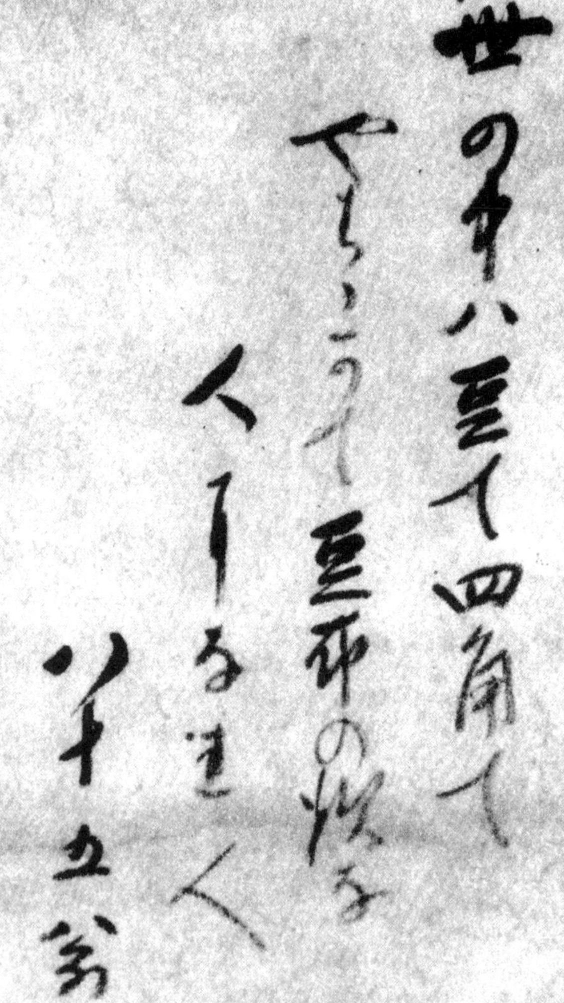
世の中ハ豆て四角て

餘的物品上。殘存的物品變得更簡約、更樸實、更具鄉土氣息，也更能表現出材質中自然的一面，例如岩石、樹木與流水……還有四季的遞嬗。[10]

侘茶的衰微。日本高雅文化的傳播，一般來說是由社會上層往底層流動，也就是從菁英傳向群眾。但侘茶發展的那個世紀卻是個例外；用人唯才的理念主導了整個藝術與政治生活領域。[11]在這個時代，才能與野心比社會階層更為重要。日本當時仍是階級森嚴的社會，但茶室卻提供一個空間，讓貴族、武士、僧侶、工匠與商人都能自由地坐在一處，分享對藝術的熱情。商人與具有商人背景的人往往能成為最有能力與最具影響力的茶人。[12]耐人尋味的是，商人當時處於日本社會金字塔的最底層，甚至排在農民的下面。

用人唯才的時代精神也以另一種重要方式滲透到侘茶室之中。質樸的日本陶器，以及其他翻找出來的、修復過的，或者新製作的侘器皿，這些東

西較為粗糙且形制不夠優美，但在茶會上，這些器皿仍與精緻且外觀高雅的珍貴中國茶具一同使用。[13] 在相同的環境裡使用這兩種物品，而且是一起搭配使用，並接受相同的品評考量，使得侘器皿抬升到與中國茶具平起平坐的地位。既存的物質價值因此重新洗牌。

雖然上層階級人士與軍事將領也能自由參與這場「侘革命」，但物品鑑賞的階序產生變化，勢必會讓過去獨占文化資本建制的人感到眼紅。他們收藏的珍貴中國手工藝品原是權力與名望的崇高象徵，現在價值卻相對下滑。個性多疑的人也許會質疑這些商賈茶人是怎麼想出品評的標準來評判侘的好壞優劣，而且又有何權利這麼做。換言之，某個侘器具何以要比另一個侘器具來得好，為什麼？根據誰的權威來下這個判斷？或許有人會說，這些商賈茶人是在操縱價值為自己牟利。[14] 到了某個時刻，情況開始改變。[15]

一五七〇年左右，戰亂相尋與政治動盪的時代逐漸告一段落，日本終於

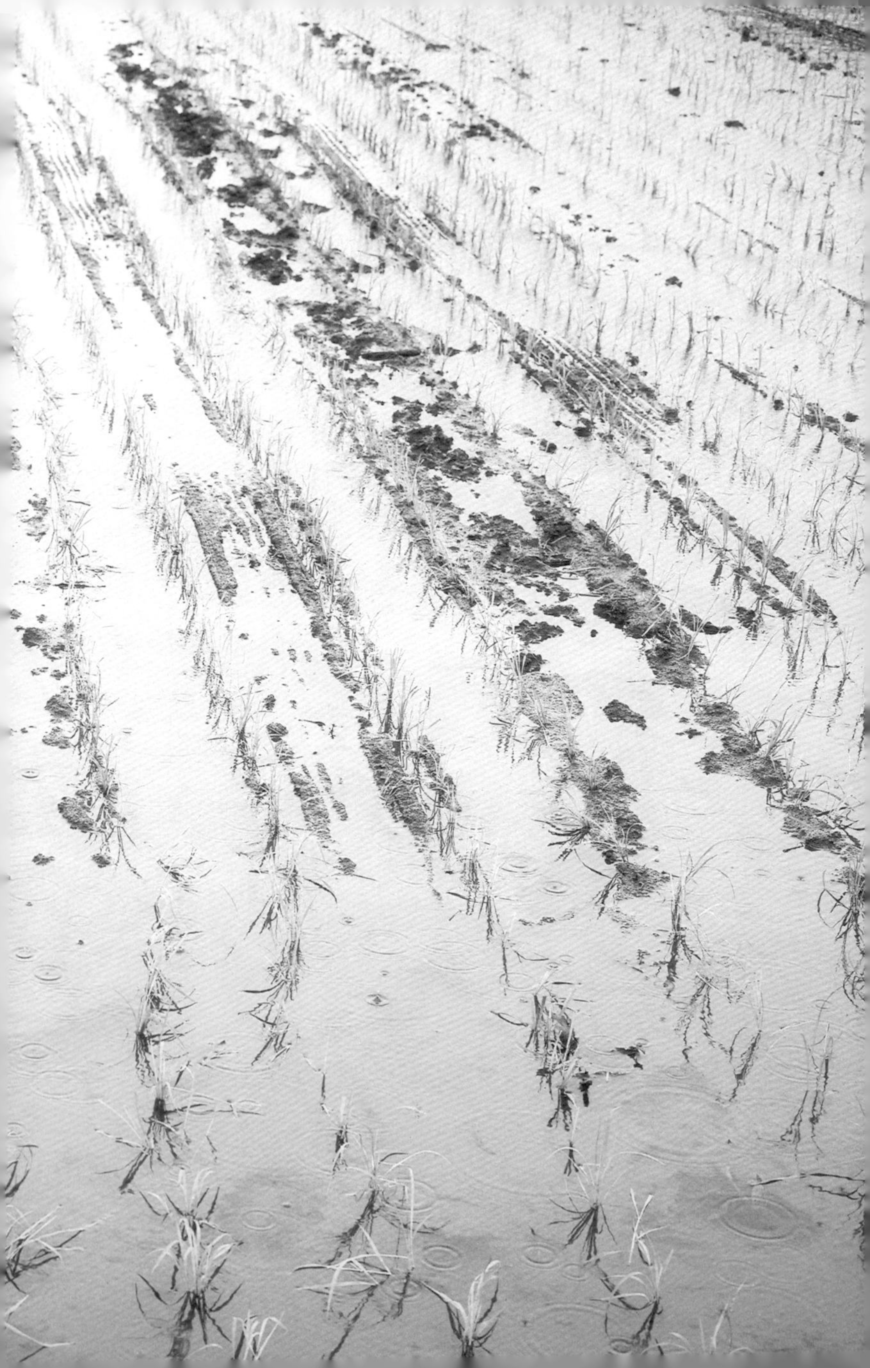

統一。秩序與控制再度變得重要，傳統階級秩序的原則便隨之復原。藝術自由的時代結束了。儘管商人之流所催生的許多貢獻（例如侘茶）在當時已永久成為日本藝術正統的一部分，但他們卻被排除於文化菁英之外，許多領導人物遭到打壓，包括侘茶的創新者千利休。[16] 十六世紀晚期以後，侘茶的熱潮逐漸消退。侘的理論用語很少再出現大膽的實驗與創新。此後，侘茶慢慢演變成比較保守、典雅與重視規矩的茶會形式。[17]

（諷刺的是，正當侘茶在美學上至高無上的地位終結之時，茶會的地位與威望也逐漸提升，成了日本的「國家大典」。[18] 統一日本的霸主豐臣秀吉曾兩度親自為天皇主持茶會：亦即，這些至高無上的國家文化活動是為日本至高無上之人舉辦，主持者則是日本最高軍事與政治領袖。）

「**侘**」、「**寂**」，**還是**「**侘寂**」？在侘茶的鼎盛時期，參與侘茶實踐與創作的人士在他們的書信、日記、詩文，與評論文章裡寫下了他們認為的理想茶會器具、環境與心境。[19]但諷刺的是，到了二十世紀中期，學者研究這些資料時發現，當提到上述的核心美學特質時，他們對於該使用哪種詞彙來描述感到莫衷一是。絕大多數專家會使用「侘」來做為統稱。但有些人，例如研究日本詩文的傑出學者唐納德．基恩（Donald Keene），則使用「寂」。基恩寫道，「日本人對於謙卑優雅的熱愛，表現最極端的形式就是茶會。偉大的茶道宗師千利休追求的理想就是寂……千利休的寂不是因為無力負擔而不得不採取簡約作風。相反地，在奢侈品垂手可得的狀況下，茶會主人拒絕鋪張奢華，他喜愛樸實無華的水壺，更勝於嶄新發亮的金茶銚；他雅好茅茨不剪的小屋，而捨棄雕梁畫棟的大宅。」[20]

鈴木大拙是鑽研禪宗與禪宗對日本藝術之影響的專家，他的想法與基恩相異，他認為寂是用來描述侘當中較具體與可量化的面向，侘則是用來描述較為直觀與情感的面向。然而，當現象或心境跨足於主客觀之間的模糊地帶時，鈴木大拙表示，此時侘與寂難以區分。鈴木大拙說：「某方面來說，侘就是寂，寂就是侘，這兩個字可以互換。」[21]但鈴木大拙從未將兩個詞合併成「侘寂」（wabi sabi 或 wabi-sabi）。

日本批評家、歷史學家乃至於知識分子在提到茶會時，不難看出他們有一種強烈的傾向，想將侘與寂兩個字連用。他們雖未明言，但都承認一件事，由於侘與寂的意義幾乎完全相同，因此分別使用時往往徒增困擾，甚至讓人感到怪異。[22]也許是基於這樣的原因，所以今日受過教育的日本人才會如此肯定侘寂早就已經存在。

那麼，侘與寂為什麼不乾脆結合成一個詞呢？也許人們並不認為這在概念上造成困擾，或者這是值得費心解決的問題。或許對歷史學家與茶道機構來說，不管從文化還是政治角度，把兩個詞結合在一起需要的成本太過昂貴。這麼做可能破壞數百年來的傳統，模糊了語源的軌跡，同時也會造成文化上的混亂。幾乎不會有任何日本藝術遺產的管理者願意冒險做這種事。

侘寂溯源 II

探索侘寂典範之路。一九九二年，我踏上一段旅程，試著掌握與描述最吸引我的美的特質。當時，我大部分時間都待在日本。談到「美」，我指的是一種興奮與愉快所結合起來的感受（表面上源自於事物），這種感受使我們更能感覺自己活在世上，並且與這個世界產生連結。這種感受通常還伴隨著對真實、良善或愛難以抗拒的感覺。

為什麼我對美感興趣？我父親最近才在一場離奇的車禍中喪生，因此我開始質疑生命的目的。我考慮了各種可能，最後發現體驗美的事物可能是人活著最好的理由。美是一種體認到高階形式時不由自主的反應，甚至可能是對心智深層的知覺結構的窺探。這麼說來，美是一種「覺悟」，它顯示出森羅萬象的背後有著更根本的東西。我想更深入地了解這個過程。

我發現最吸引我的美其實就在眼前，它只是隱藏在不起眼的景象之中。它與好的品味無關；也許正好相反。但最敏感、最具審美眼光的人必定看得出這種美。

我不確定接下來該怎麼辦。最後，我拿起相機，走出東京寓所前門，開始拍攝讓我感興趣的所有事物。我試著不做思索，當成自己只有一雙眼睛以及一根用來按下快門的手指。第二天，我重覆這種什麼也不想，邊走邊看邊拍的模式，之後每天都是如此，就這樣持續了兩個月。那時是秋天。不久，我拍攝了許多樹葉照片，這些葉子分別處於不同的腐化分解階段。它們讓我想起一些菸蒂的相片，這些菸蒂八成是從曼哈頓的排水溝裡撿來的，攝影巨匠厄文．潘恩（Irving Penn）仔細觀察了這些菸蒂之後拍下照片。那意象很迷人，但有什麼含義？背後存在著什麼觀念？根本的概念結構是什麼？這種景象如何用文字形容？

我靈機一動，翻開十年前我研究日本茶會時寫的日記。讀了幾頁之後，我想到一件事，我想起日本朋友用「侘寂」這種簡稱來形容某種衰頹之美。我的朋友指的是「侘**與**寂」、「侘**或**寂」還是兩個詞合起來？有可能是兩者的結合吸引了我的注意。[23]

過了一段時間，我看出侘寂同樣適用於物質與環境的性質、情感狀態、道德倫理的選擇乃至於精神態度。然而，我在做了一些研究之後發現，侘寂不是既有或正式的詞彙，也就是說，它從未用於書面或學術作品。此外，侘寂也與茶會的物品與行為沒有直接關係。「侘」與「寂」確實源自日本中世紀，但「侘寂」這個意義含糊不定的口語詞彙則非如此。我發現，這個語義學上的建構物可以符合我所追尋的那種「審美感受的覺察」——也就是美。

但，侘寂到底是什麼？反覆思索之後，我認為侘寂應該可以說是侘茶（茶這個字可有可無）在當代的概念接班人。顯然，侘寂源自於侘茶，但侘寂卻轉變成稍微不同的事物，它變得更具包容性，也更具庶民氣味。就像侘茶曾經包含所有寂的意義，現在，侘寂也包含了所有侘茶與其他事物的意義。我身負的任務目的變得更清楚：我要去除這個概念的神祕色彩，將其轉變成容易理解的形式，讓所有的人，無分國籍，都能將侘寂融入自己的世界觀與美學語言中。在原本的語境之外使用侘寂，很可能讓它的意義產生微妙的變化，有些意義可能喪失，但也可能因此獲得新的意義。

讓侘寂形成一種概念。侘寂是從侘茶鼎盛時期形成的觀念匯聚而成的。然而，這些觀念在日本受西方哲學與藝術理論影響之前便已形成，不符合我們今日要求的清晰與嚴謹，因而無法成為「有用的概念」。[24] 事實上，侘茶是在避免明確概念化的心態下所產生的事物，而明確概念卻是現代美學論述的核心。[25] 當一個現象橫跨了從非常具體到極度抽象的兩端，要把

這個現象轉變成有用的概念，顯然就是極為艱鉅的任務。我大可附上充滿侘寂意味的照片，然後在底下加幾行蘊含詩意的圖片說明。但我的目的不只是提供直覺、非文字所能形容的理解。我的重點是傳達侘寂做為一個概念的完整意涵，它必須用文字這種清晰觀念的媒介來加以表現。

我一方面對日本文化進行研究，另一方面也發展自己的解讀，我努力融通兩者，試圖找出侘寂最根本的美學要件。我將這些看法去蕪存菁，簡化成精練的文字與詞彙，使其一同傳達出侘寂的核心本質。

侘寂＝美學的他者。

「美學的他者」相對於而且不同於主流的美學常規，它反對千篇一律。在侘茶時代初期，源自中國的鑑賞品味，強調光滑與對稱之美，成為日本最受推崇（符合高雅文化）的審美標準。在這種狀況下，侘的品味強調物品的不規則狀與粗糙質地，因此構成美學的他者。

尋常事物的變身。[26]

侘寂的美是一種知覺活動，而非事物內在固有的本質。當習慣性的觀看方式出現變化，當事物不再令人感到熟悉，就會「產生」侘寂的效果。侘寂的美是關於從尋常、毫無特色或平凡無奇的事物中看出非凡之處。侘茶有個影響深遠的體悟，就是人們開始認為粗糙、低廉、家常的陶器跟其他精美的陶器一樣有可觀之處，儘管兩者的美並不相同。[27]

美存在於無邊緣。

「無」具有無窮的潛力，從中產生了侘寂。侘寂之所以特殊，在於它孕生於模糊、轉瞬即變、纖細與微妙之處，因此常受到忽視，或被誤以為瑣細而微不足道。侘茶持續追尋的事物，就是發現這種隱微之美。

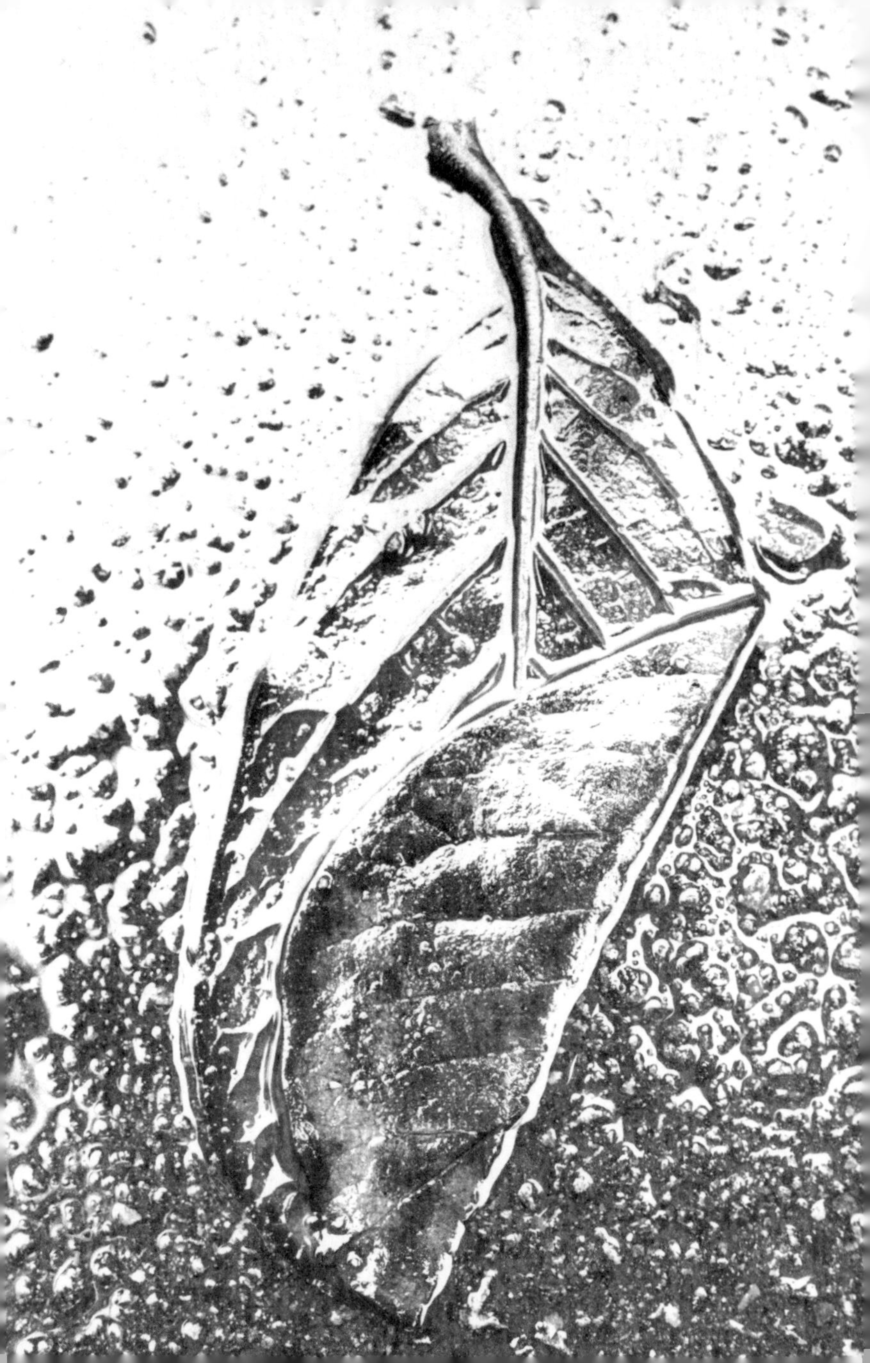

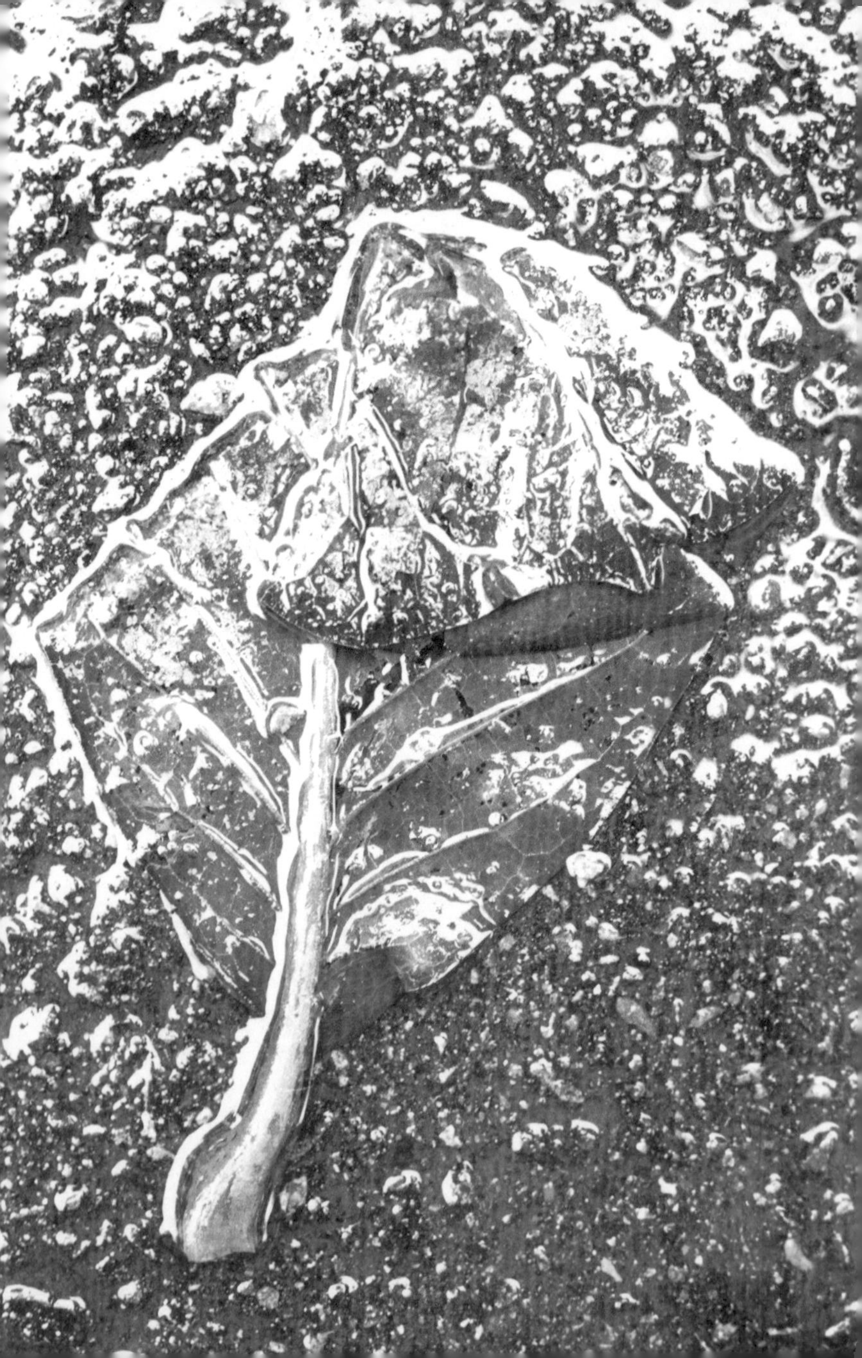

安貧。「貧」在這裡指毫無羈絆的心境，不執著於既定的想法或物品。「安」指能怡然自得地接受節制、不便與動盪的處境。安於貧困，也就是有意識地基於自己的選擇擁抱貧困，並且欣賞其中的美，這是侘茶的根本觀念。[28]

不完美。提到侘寂，一般人總會想到自然界蕭瑟衰頹的景象。由盛而衰引發了混亂與不可預測的變動，事物的樣貌也因此變化萬千引人注目。「不規則」或許比「不完美」更適合用來形容這種現象，但不完美卻更能引起人們內心的共鳴。不完美也暗示著某種「精神狀況」。如果時機恰當，不完美的事物往往能勾起人們的同情。事物與觀看者之間的這種堅定連結，這正是侘茶人希求的理想境界。[29]

修辭的考量。在整個侘寂概念裡，之前提到的美學成分彼此交織。為了使整個交互作用的效果更清楚明白，每個美學成分及其影響都被打散並且重組成一個單一的典範。這個典範是使用人們普遍能夠理解的參考框架來建構的。在進行思想運作時，語言文字雖然是很棒的工具，卻也暴露出一定的局限。舉例來說，實體的物品與正確的詞彙之間絕非直接一對一完全符應。文字（與觀念）的本體狀態與實體物品不同。文字固然能為事物命名，卻無法具體表現事物的本質——文字只能間接表達事物。為了彌補文字的限制，特別是面對於一些不可言傳的事物時所面臨的侷限，我把本書的文字表達微調成更能喚起讀者的聯想與感受，刺激讀者產生各種想法。我希望侘寂這個典範能在讀者心中成長茁壯。

先前提到的各種觀念，連同一些照片，共同構成了這本書。我盡可能避免商業書籍已使用過度的一些招數，所以本書沒有漂亮的書名，沒有奪人眼目的色彩，沒有特殊塗佈的紙張或人工仿作的紋理，沒有名人吹捧，沒有條碼。[30] 我把重點放在能反映書裡提到的侘寂特質的事物上。因此，本

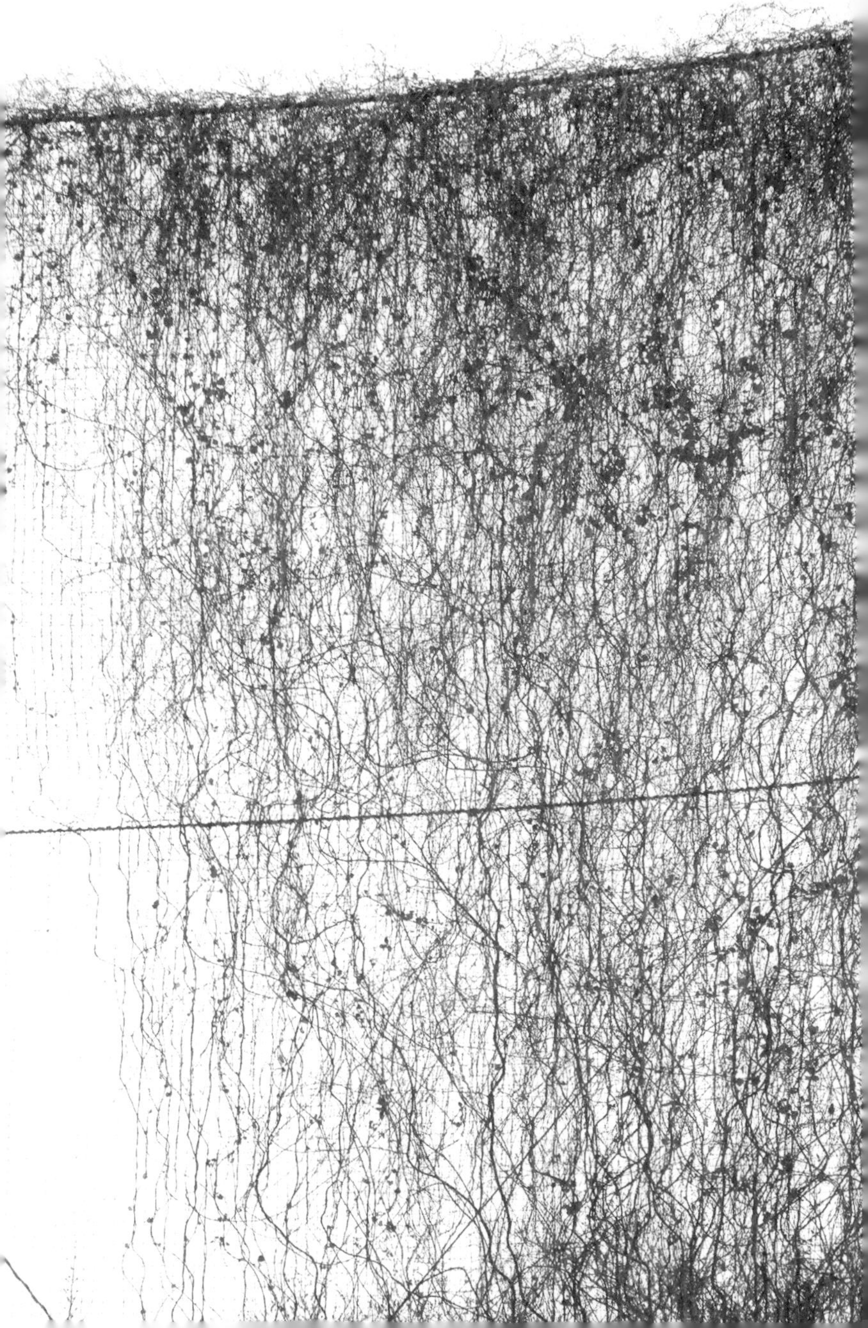

書封面不使用鮮豔的色彩，內頁紙張沒有塗佈，而是略帶自然氣息，擁有砂質觸感。照片只具有傳達資訊的功能，不是為了炫目之用。印刷的字體簡單直接，沒有多餘的裝飾。本書的外觀相當樸實，輕薄短小，但有著舒適的觸感。此外，本書的書名有些笨拙，一點也不慧黠。

侘寂的物質性本質

製造侘寂物品的弔詭之處。《侘寂 Wabi-Sabi：無常、不完美、未完成，以「無」為核心卻蘊含廣袤可能性的哲學》英文版首次出版之後，各行各業的創作者開始生產所謂的侘寂產品，侘寂家具、侘寂建築外觀、侘寂室內設計、侘寂服飾與時尚配件、侘寂美術品……其中有些東西被刻意刷舊，也就是說，被刻意地污損破壞，例如讓物品生鏽、褪色、撕裂、劃破等等，好讓物品看起來年代久遠，有飽經滄桑的感覺。雖然我不願多做評斷，但心中不免有所疑問。看似侘寂的東西是否真算得上侘寂？侘寂是否僅僅只成了一種風格？刻意破壞製作精美的嶄新物品，能否算是製造侘寂之物的正當方式？當人們製造侘寂物品時，實際上到底製造了什麼？事實上，到底是誰，還是什麼，製造了侘寂的特質？

我從研究中發現，在侘茶時代（以及在此前後一段時間），日文在描述製造物品的過程時，總會淡化人類的角色。換言之，我們描述某個行為時，通常會說「我做了這件東西」或「他做了那件東西」，但在日文裡卻不是這麼說。日文描述的創造過程彷彿「東西是自己憑空出現，完全不需要藝術家或設計者的技術與概念介入」。[31]這是個「自我」消失的觀點。如果我們採取日文的這種語言習慣來描述侘寂如何產生，那麼比較精確的說法應該是侘寂「發生」了。

至於是誰或者是什麼使事物具備侘寂特質，傳統上莫衷一是，這種矛盾不只體現在語彙的使用上，也延伸到其他領域。在檢視侘茶的工藝品時，我們可以看到無論創作者是誰，都不願意刻意營造侘的特性。有些物品是由著名藝術家與工匠師傅所製造，但同時也還有許多無名氏製作的東西脫離了原始脈絡，以新的方式發揮功用。還有一些破損的物品，也許是日常用品，也許是特殊器具，這些物品在修補之後，儘管修整的痕跡還在，還是被人重新拿來使用。然而即使有人刻意製作符合侘茶環境的物品，這些物品是否真符合侘，也非製作者所能決定，最終還是取決於每個鑑賞者的眼光。

融通物質與精神。關於物質性，有兩個（表面上）對立的觀點，從侘茶的傳統流傳至今。一派主張藝術家富有靈感的藝術創作行為可以提升物品的重要性。美學教育這類社會過程可以讓物品的特殊性越來越明顯。隨著時間流逝，這些物品不斷轉手（以及由重要人物持有），其文化與商業價值也不斷增加。

另一派我們也許可以稱之為後物質或非二元論觀點。[32]從這個角度看世界，萬事萬物都將具有相等的內在價值。唯有當注意力聚焦在事物上時，事物才會活化，並且顯露它們真正的功用與價值。當注意力轉移時，事物會步下我們當前意識的舞臺，讓位給其他事物。它們會回歸「平凡無奇」。

千利休是侘茶最重要的代表人物，他同時體現了上述兩種觀看事物的方式。一方面，千利休說侘茶是覺醒的工具，能開悟心智，「安定與潔淨」心靈。茶是一種飲料，茶本身並非侘茶的重點，同樣的，侘的物質性也只是用來連結永恆的現在（eternal present）的一種工具。千利休認為，執著於身外之物，對靈性有害無益。[33]但另一方面，千利休也有深刻的商人傾向，他致力於收藏茶具，對事物有著強烈的執著。顯然，千利休無法抗拒獲取、收集罕見侘茶珍品甚至轉賣獲利的誘惑。千利休從事商業時，也許完全知道自己在做什麼，他或許是在「開悟」的觀點下進行茶具買賣。但真相是什麼，我們不得而知。

無論如何，將物品商業化，或甚至有戀物癖，這都不是什麼壞事。創造與經營物品價值，這是人類一直在做的事。將侘寂物品當作商品，這種再平常不過的做法，或許在某些人眼中會顯得「違背侘寂精神」。的確，與侘寂有關的事物有時似乎帶有一種神祕地位，彷彿那是一種「啟迪靈性

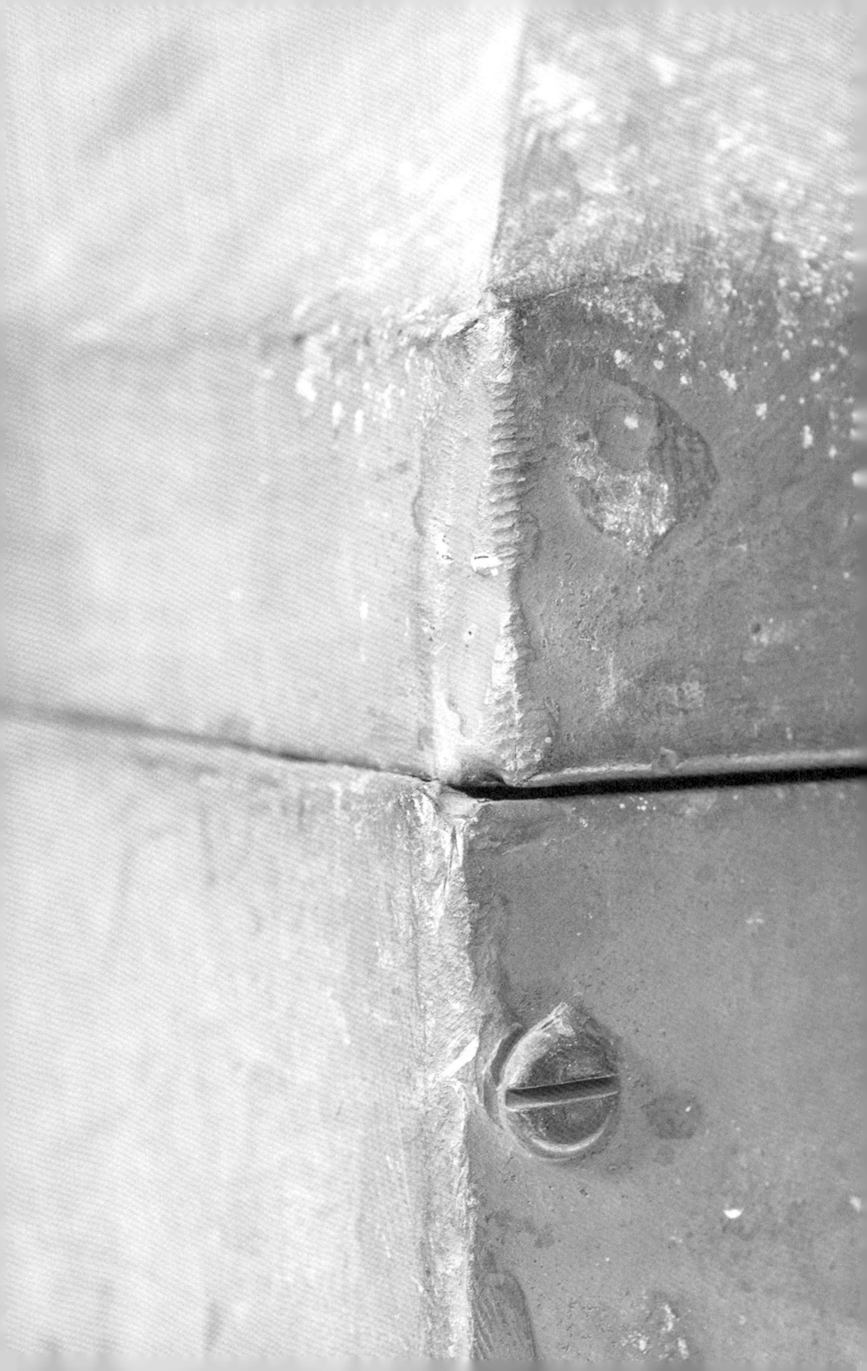

的東西」。然而終究來說，東西就是東西。物品本身並不蘊含目的，物品是依照人的想法而造。對於想像力匱乏的人來說，侘寂的物品最受喜愛之處，可能是它可以保有價值，可以累積財富。而對於擁有超凡願景的人來說，他們希望事物提供讓我們掌握「永恆的現在」的力量，而侘寂確實可能就具有這種功用。

侘寂的世界：真實與虛擬之間

數位侘寂？對於一些創作者來說，侘寂最吸引他們的地方在於，侘寂與不斷擴張滲透的數位化現實剛好形成強烈的對比。長期來看，數位現實在美學上顯得單調乏味，甚至令人感到麻木。弔詭的是，即使侘寂必定與「數位」對立，有些人依然想問，侘寂能否存在於數位形式中。我們先撇開寫得馬虎草率的軟體程式不論，答案會是簡短的兩個字，不行。（無論是有心還是無意，馬虎草率通常是粗心造成的結果。粗心與侘寂概念無法相容。）其理由如下：

意識形態並不相容。雖然意識形態不相容並不妨礙侘寂以數位形式呈現，但無論如何，我們仍該討論這個問題：數位領域是現代計畫（the

Modern Project）底下的一個子計畫，甚至可能是現代計畫的理想典型。[34]現代計畫與侘寂這兩者最根本的信念系統是格格不入的。

現代計畫	侘寂
◆比起所有其他認知形式，理性最為優秀。	◆認知形式有許多種，都同樣重要，理性只是其一。
◆人類的問題最終要靠科學解決。	◆人類的問題當中，只有一部分能靠科學解決。
◆這個世界「充滿缺陷」，但未來會越來越好。	◆世界「原本就是如此」，而且會一直如此。
◆人類必須掌控自然。	◆人類與自然是一體的，沒有主奴之分。
◆尋求放諸四海皆準、適用於萬事萬物的解方。	◆每一種問題都有特定的解決方式，必須逐一尋求。

本體論的不相容之一。[35]侘寂源自於與現實（真實）世界的現實（真實）事物的互動，這層互動關係是自然形成而且從不間斷。現實世界只仰賴意識去感知它即可；相對地，數位現實則需要他人（編碼人員與設備製造者）的人工才能存在，而且還必須仰賴機器與外在能源。當製造者的意志、機器或能源出問題時，數位現實就停止運作。侘寂無法存在於以人工才能維持的環境裡，也不能存在受限於機器與外在能源的變化的環境中。

本體論的不相容之二。侘寂是以真實形式呈現的無窮資訊，這點非常重要。一切與數位有關的事物都必須編碼成二元結構，也就是「一」或「零」。在一與零之間，毫無任何東西。然而侘寂主要的存在之處，就是一與零之間這片無窮無盡的「無」。（舉個比喻，侘寂如同一道完整的灰色系光譜。）因此，在二元宇宙中，侘寂可說毫無容身之處。

本體論的不相容之三。侘寂來自於「真實」，這是完全獨立的實體存在狀態。「真實」不存在於數位領域裡，「虛擬」才是。藉著拼湊一連串的像素（這是構成數位顯示器畫面的最小單元），真實可以用虛擬的方式加以模擬，在一定距離下觀看，事物看起來像是真的。擬真時使用越多像素，看起來越接近真實。模擬真實的程式／軟體要達到什麼程度，完全是由某個人或某件事物來決定。然而，無論程式可以發展得多逼真，無論是用什麼顯示器觀看，總會有個臨界點，真實的幻象會消失，留下的只有像素，以及像素與像素之間的空白空間。沒有貨真價實的真實，就沒有侘寂。

本體論的不相容之四。在本質上就是有限的數位領域裡，（強行）縮減與合併資訊，就意謂著減少或去除多餘的、瑣碎的，與不重要的內容。與此相反，侘寂反對化約。缺少了真實現實的完整頻寬，侘寂就不復存在。與從侘寂的觀點來看，多餘、瑣碎與不重要的內容正能顯現事物的微妙之

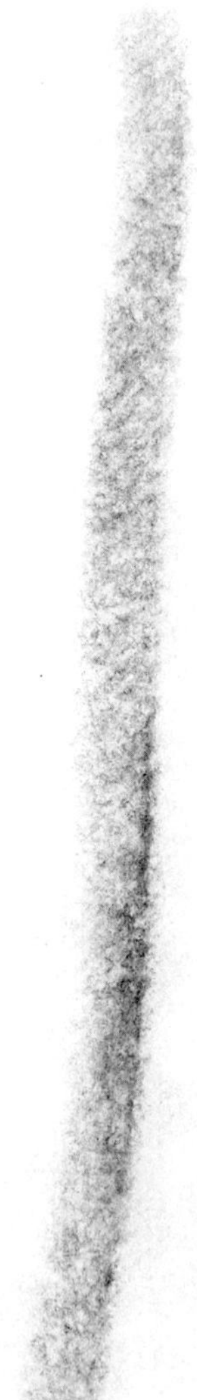

處。微妙包括了極精確與極纖細、曖昧、難以歸類、含糊不清，以及不以此道就難以察覺、分析或描述的部分。對侘寂來說，省略任何資訊如同讓自然界某個物種滅絕一樣可惜。

感官知覺的貧乏。就算數位領域無法合乎真實、「完整」或逼真的標準，所以撐不起侘寂，但這真的重要嗎？在接下來的思想實驗裡，感官知覺獲得的資訊逐步減少，就反映了數位化將事物化約所造成的影響。

想像你正在聆聽一個擁有一百名團員的管弦樂團（現場）演奏貝多芬的第五號交響曲，這樣的編制正是作曲者希望的。每演奏一次曲子，就讓管弦樂團裡的五名音樂家離席，然後重新演奏一次。要多少位音樂家離開後你才會感受到差異？你能描述差別在哪裡嗎？

再以食物做類似的實驗。想像你最愛吃的一道菜，然後，慢慢地，將菜餚裡的食材一件件移除。先從「最不重要」的食材開始。要移除多少食材，你才會感覺到味道變了，這道料理不再是你最愛吃的那道菜？如果在你誕生的世界，這些被移除的食材都消失不見，你覺得對你有沒有影響？[36]

註解

1. 侘寂的完整解釋，見李歐納．科仁所著的《侘寂 Wabi-Sabi：無常、不完美、未完成，以「無」為核心卻蘊含廣袤可能性的哲學》（*Wabi-Sabi: for Artists, Designers, Poets & Philosophers* [1994, 2008]）。

2. 本書用「美學的」、「美學」與「美學地」來描述某種認知模式，在這種模式下，你察覺與思索的是現象與事物的感官與情感層面。本書接下來還會出現「美學化的」與「美學化」這兩個詞彙，指的是知覺模式的轉換。當人們從事藝術工作時，可以透過這個轉換過程來體驗與鑑賞事物，或者說，從美與／或「品味」的角度來觀察事物。關於這些詞彙，更深入的討論見《Which Aesthetics Do You Mean: Ten Definitions》，作者：李歐納．科仁（2010）。

3. 這個圖表列出了侘寂的典範，題為〈侘寂的宇宙〉，收錄在《侘寂

Wabi-Sabi・・無常、不完美、未完成，以「無」為核心卻蘊含廣袤可能性的哲學》一書中。本書更詳細地說明了侘寂典範的每個面向。

4. 在《侘寂Wabi-Sabi・・無常、不完美、未完成，以「無」為核心卻蘊含廣袤可能性的哲學》出版之前，日文字典裡根本沒有「侘寂」這個詞。然而，「wabi sabi」（沒有連字號）卻出現在原田伴彥一九八四年的作品《庭と茶室・・華やぎとわび・さび》（*Niwa to Chashitsu: Hanayagi to Wabi Sabi*）的書名之中。這個詞也出現在另外兩篇文章，一篇是Matja Milconski所寫的〈On Approaching Wabi-Sabi〉，收錄在Rada Iveković與Jacques Poulain編輯的《*Europe-Inde Postmodernité: Pensée Orientale et Pensée Occidentale...*》（1993），另一篇是久松真一在一九七三年寫的〈茶道文化の性格〉，轉引自第十五代千宗室的文章〈Reflections on Chanoyu〉，收錄於Paul Varley與熊倉功夫合編的《*Tea in Japan: Essays on the History of Chanoyu*》（1989）。在所有這些例子

裡，侘寂（wabi-sabi 或 wabi sabi）的意義要不是「侘或寂」，就是「侘與寂」，而非這兩個詞的結合或綜合。

5. 這些都是《徒然草》提到的美的屬性。《徒然草》是一部著名的隨筆集，作者吉田兼好原是朝廷官員，晚年出家為僧。（《徒然草》於一九九八年由 Donald Keene 翻譯，書名改為《*Essays in Idleness: The Tsurezuregusa of Kenko*》）

6. 日本的品茶儀式規則源於西元八世紀中國的《茶經》，作者陸羽是中國「茶藝」的創始人。

7. 日本茶室是個狹小封閉的空間，旨在體驗生活中理想的時刻。我們現在看到的「傳統」茶室與茶屋，絕大部分是以十六世紀侘茶室為原型發展出來的。時至今日，日本建築師發現，若能自由加以詮釋，茶室的類型就像個遊樂場，可以用來探索那些蘊含於神話般「日本特性」核心裡的特殊象徵意義。結果，當代日本茶室（與茶屋）的功能需求變得跟樹屋一樣靈活多變，也就是說，極具個性。

8. 這句話以及其他據說是千利休針對侘茶的理論性質提出的說法，全記錄在千利休的弟子佛僧南坊宗啟所寫的《南方錄》裡。英文版引用的譯文引自書籍《*The Theory of Beauty in the Classical Aesthetics of Japan*》，由井筒俊彥和井筒豐子合著（1981），頁147。雖然有人懷疑《南方錄》的真實性，但作品內容確實與千利休的茶道見解若合符節，因此日本有許多茶道流派以這本書做為千利休的茶道範式。《南方錄》雖未明說，但看得出來該書也認為，侘的物質性事實上就是寂。

9. 這句話引自《*A Primer of Soto Zen: A Translation of Dogen's Shobogenzo Zuimonki*》，增永靈鳳編譯（1971），頁54和81。雖然侘茶的發展與禪宗另一個分支臨濟宗密切相關，但根本的情感內容與整個禪宗脫不了關係。

10. 關於侘茶發明的時代背景，有許多資料來源，包括《*The Culture of*

Civil War in Kyoto》、Mary Elizabeth Berry 著（1997）、《*Shigaraki: Potter's Valley*》、Louise Allison Cort 著（2001）、《*Japanese Aesthetics and Culture: A Reader*》、Nancy G. Hume 編（1995），以及《*Utamakura, Allusion, and Intertextuality in Traditional Japanese Poetry*》，Edward Kamens 著（1997）。

11. 十六世紀大部分的時間被稱為「下剋上」的時代，意即底層的人推翻高層的人的時代。

12. 最早將侘與茶連用的是村田珠光，村田珠光曾經是商人。創立侘茶的另一名傳奇先驅是武野紹鷗（1502-1555），他的父親是商人（不過他們家最初原是武士）。武野紹鷗的學生千利休（1521-1591）是最有名的侘茶人，他本身也是富商之子。侘茶因此有時被稱為商人茶。

13. 村田珠光（見註12）認為，在茶會上應同時使用簡陋的侘器皿與高貴的中國茶具。

14. 侘茶的高尚原則與實際做法之間有著明顯矛盾。舉例來說，要獲得知識與極好的鑑賞眼光，需要有大量的財力才能達成——但從禪宗的角度來看，財富只是阻擋人們見到「真理」的絆腳石。此外，掌控主宰了侘茶的人都是些執迷於高價茶具之人，他們不計一切代價想取得這些昂貴物品。從一些日記摘錄出來的文字可以看出，裡面充滿了各種齷齪的伎倆，包括心理戰與搶占上風的詭計，見《*Cha-no-yu: The Japanese Tea Ceremony*》，A. L. Sadler 著（1933）。

15. 本書討論侘茶的衰微時提出的見解，絕大多數來自 Dale Slusser 的論文〈The Transformation of Tea Practice in Sixteenth-Century Japan〉，收錄於《*Japanese Tea Culture: Art, History, and Practice, edited*》，Morgan Pitelka 編（2003）。

16. 千利休的贊助者豐臣秀吉（1536/37-1598）是強大的軍事與政治領袖，是他下令千利休切腹自殺。千利休為何被判處死刑，眾說紛紜，但真正的原因依然成謎。原因之一可能是千利休利用買賣茶具謀取暴利，再者，可能是千利休的性格、人望，或虛榮（也可能三項皆是）對豐臣秀吉構成威脅。還有一個假說認為，千利休身為擁有權勢之人，很可能是在權力鬥爭中選錯了邊。無論如何，千利休在今日的日本已被視為無可比擬的藝術家原型，他是偉大的創作者，在日本文化留下永恆的印記。

17.

千宗旦（1578-1658）善用祖父千利休的傑出成就，傳承了中世的日本文化。千宗旦的努力成果，概念上類似於今日的生活博物館。雖然千宗旦刻意避免誤觸曾讓千利休丟了性命的政治暗礁，但他仍廣泛結交皇室成員、朝臣與武家菁英。之後，他又鼓勵與支持幾個兒子到不同的大名底下尋求茶人的職位。千宗旦自己則是努力營造出精神美學家的形象，他甚至比千利休更投入於符合侘精神的生活之中。（《禪茶錄》是千宗旦死後出版的思想紀錄，但可能是後人偽造，書中強調

「茶與禪的和諧」。）直到今日，千宗旦的子孫仍擔任茶人與千利休遺產的管理者。他們的業務包括鑑定茶具真偽與開立證書、建立茶會程序、核發授課證照與任命教師，以及傳承侘茶的奧祕。在發展過程中，也建立各種真言來強化茶道精神的核心。其中最重要的就是誦念禪宗的美德「和、敬、清、寂」，以這四字做為千利休茶道的指導原則。林屋辰三郎、中村昌生與林屋晴三在《茶の美術》（頁125）中提到，和敬清寂本來不是侘茶的概念，而是日後引進以防止茶會變成一種嗜好或「禮儀上的表現」。

18. H. Paul Varley和George Elison在一九八一年發表了論文〈The Culture of Tea: From Its Origins to Sen no Rikyu〉（收錄於《*Warlords, Artists and Commoners: Japan in the Sixteenth Century*》，由George Elison和Bardwell L. Smith，合編［1981］，頁189）在這篇論文中，他們指出：

「……茶文化體現了日本審美觀的本質：對於結合人群的情感紐帶以

及人際關係賴以展開的環境與背景細節極其敏感。茶會可說是這種意識與敏感度化為儀式後的表現，茶會也具體而微地展現出假定的理想日本人行為模式。」

19. 本書使用了「侘茶時代」這樣的詞彙，有時還會搭配「鼎盛」這樣的形容詞。這些詞彙描述的時代始於一四八八年左右，也就是村田珠光首次在《心之文》（心の文）提出侘茶的初步原則之時，最後結束於一五九一年利休自殺時。

20. 引自〈Japanese Aesthetics〉，Donald Keene 著，收錄於《*Philosophy East and West*》，第19卷第3期（1969年7月），頁302-3。

21. 引自《*Zen and Japanese Culture*》，鈴木大拙著（1970），頁284-85。

22. 範例請見第十五代千宗室的文章〈Reflections on Chanoyu〉，收錄於 Paul Varley 與熊倉功夫合編的《*Tea in Japan: Essays on the History of Chanoyu*》（1989），頁239-240。

23. 我曾考慮過「侘寂」要如何以英文字表示。「wabi-sabi（有連字號）」似乎比「wabi sabi（沒有連字號）」更能明顯強調侘寂是個美學上的結合觀念。因此我決定以 wabi-sabi 做為英文標準拼法。

24. 日本人不太願意清楚說明觀念的內容，這種傾向有其歷史淵源，關於這方面的精采討論可見《*The Fracture of Meaning: Japan's Synthesis of China from the Eighth Through the Eighteenth Centuries*》，David Pollack 著（1986）。Pollack 認為，日本與「優越的」中國文化之間存在著競爭關係，尤其日文（漢字）又是從中文借用創造出來的，這使得日本人對於自身的書寫文字感到不信任。也可見《*Japan: A Short Cultural History*》，G. B. Sansom 著（1931），頁 138-160。

25. 侘茶的思想源於禪宗，而禪宗對「概念思想」敬而遠之。儘管如此，還是有幾位著名的禪師是哲學（概念）思想家。其中最重要的或許是道元（1200-1253）。道元闡述的禪宗概念與實踐極具洞察力且清楚易懂。見《*Master Dogen's Shbogenzo*》第 1-4 冊，西嶋和夫和 Chodo Cross 合譯（1994, 1996, 1997）。

26. 「尋常事物的變身」典故取自哲學家與藝術批評家 Arthur C. Danto 的作品《*The Transfiguration of the Commonplace: A Philosophy of Art*》(1981)。Danto 所說的「尋常事物的變身」指的是二十世紀美國普普藝術（Pop art）的發展時期，一般的日常商品在一夕之間變成了藝術品。也可以用「提升」與「轉變」來取代「變身」這個詞。

27. 藝術創作之所以深具爆發性，在於它能化腐朽為神奇，使尋常之物變得非凡，使不可見的現象顯而易見。藝術家知道任何事物都有「美麗」之處，或至少有耐人尋味的地方，全看你將事物擺在什麼脈絡之下。如果我們注意的是十分細微的事物，此時脈絡或概念架構特別能產生效用。「脈絡化」或「架構化」有時指將事物孤立看待，有時指將事物兩兩對照。冷靜、簡潔、井然有序的架構或脈絡使觀看者能心無旁驚地注視被凸顯出來的特質。

28. 儘管世間的事物炫人耳目、充滿魅力，若要使人「覺悟」，它們並非必要。事實上，越是除去這些攪擾心神的東西，越能使人啟悟。聖人或「覺者」普遍有共通的典型，他們總是生活在最自我節制的環境裡，他們不依戀事物，不受事物的羈絆。

29. 「完美」與「不完美」之間的界線是相對的與獨斷的。這種概念區分雖然與「非二元性」的觀看方式水火不容，但依然有可用之處。（見註32）

30. 條碼簡直是數位時代無所不在的象徵。由於侘寂代表一種原型的類比感受，因此將條碼印製在這本書上似乎不是很恰當。先前再版的英文版《侘寂 Wabi-Sabi：無常、不完美、未完成，以「無」為核心卻蘊含廣袤可能性的哲學》並未印上條碼，結果連鎖書店拒絕讓沒有條碼的書籍上架，為了配合現今的商業模式，我們之後只好在書的封底加上條碼。

31. 〈The Poetics of Intransitivity〉，佐佐木健一著，收錄於《*Japanese Hermenutics: Current Debates on Aesthetics and Interpretation*》，Michael F. Marra 編（2002），頁 17-24。這篇內容豐富的論文討論了人類作用遭到淡化的問題。

32. 「非二元性」或「非二元論」指有意識地認為自己「與萬物同在」，而不是認為自己是個渺小、孤立的「我」。禪宗與其他主張精神解放的學說都認同這種世界觀。非二元論的感知方式，不是透過獲得更多的經驗或知識來產生，而是靠著放下信仰、執念與虛偽不實的思考，使心靈恢復澄澈。思考，也就是概念思想，與建立心智結構有關。以非二元論的方式體驗現實，就是為了擺脫概念思想的桎梏。

33. 《利休百首》收集了據說出自千利休之口的一百句語錄，裡面有一句話是這麼說的：「泡茶，一個茶壺就夠了，收藏一堆茶壺愚不可及。」

也有人把這句話翻譯成：「如果你有一個茶壺，而且能用這個茶壺泡茶，這樣就已足夠。想擁有許多茶壺，反映的恐怕是內心的空虛。」《利休百首》是在千利休死後百年才成書，裡面的詩句與語錄應該不是出自千利休本人，而是後世的茶人傳承千利休的精神留下的智慧結晶。（追溯「真實的」千利休，會發現真假參半，因為現存的文獻當中，沒有一篇能證實是千利休本人的作品。）

34. 「現代計畫」一詞是哲學家馬丁．海德格（Martin Heidegger, 1889-1976）所創。當中提到的「現代性」（modernity），一般認為起源於歐洲中世紀晚期與文藝復興時代。

35. 這裡使用「本體論」一詞是因為這類討論可能與新興的設計哲學領域相關。本體論是哲學詞彙，研究存有、存在、現實，與／或「事物是什麼」的本質與特性。

36. 侘寂映照出我們所誕生的這個世界，我們的身體與心靈從誕生至今都深受這個世界影響。這個世界存在著各種訊息，了解這些訊息，哪怕是最微不足道的暗示，都對我們生命的存續有著重大意義。數位世界是一個去除大量資訊的子世界，而且經過人工設計。它是（不完美的）人類心靈的產物。經年累月生活在這樣的世界裡，會產生什麼後果呢？

圖片說明與來源

如非另加註明，文中照片皆出自作者本人。

第4頁
佛陀（水泥材質）。

第7—8頁
一間古董店的內部牆面，這裡曾是製造船隻零件的工廠。

第16頁
竹子是禾本科最大型的植物，大量運用於製作多種不同侘茶器具。

第18—19頁

茶杓，用來把綠茶粉舀進茶碗裡。最初的茶杓是從中國引進的，主要以象牙製成。早期的日本茶杓通常是用黃金或白銀製成。侘茶的創始人村田珠光用竹子製作茶杓，從此以後，以竹子製作茶杓成了通例。（竹製茶杓沒那麼堅硬，密度也沒那麼高，所以當茶杓輕敲陶製茶碗以敲下杓中殘存茶粉時，比較不會損傷到茶碗。）現今茶杓的常見造型普遍以千利休簡樸而高雅的設計做為原則。千利休製作茶杓時，特別讓竹節留在杓柄的中央，這可能是基於藝術的考量。侘茶人通常會為每一場茶會親手製作新的茶杓，茶會結束之後，他會將茶杓贈與賓客。侘茶的鼎盛時期結束後，茶杓也被賦予不同的意義。其中的變化或許是從千利休奉命自戕開始，茶杓自此取得新的象徵意義，成為製作者精神的具體展現。人們認為，由於茶人不是專業的木雕師，因此他們在製作茶杓時會將自己率真的一面灌注在物品之中。此外，受命自殺的人死後不准舉行正式喪葬儀式，所以千利休自己親手雕刻的物品，特別是在他主持的最後一場茶會之前製作的東西，產生了巨大的情感意義。

第20頁

（未過濾的）抹茶粉堆，也就是侘茶使用的綠茶粉。抹茶帶有一股剛修剪過的青草的強烈芬芳，外表是明亮的綠色。佛僧榮西（1141-1215）不僅將中國禪宗的臨濟宗引進到日本，也從中國帶回了抹茶。將抹茶當成飲料喝下，不僅能提神，還能心情愉快。

第23頁

〈柿子〉，十三世紀水墨畫，作者牧谿到了中年才開始學佛參禪。這幅畫於十四世紀傳入日本，曾被掛在許多知名茶室的凹間（床の間）裡，目前收藏於京都臨濟宗大德寺龍光院。許多傑出的侘茶創作者要不是曾在大德寺修習，就是與大德寺有著交流關係。

第24—25頁

〈豆腐〉，十九世紀水墨畫，作者大綱宗彥為大德寺高桐院住持。根據淡川康一在《禪畫》（本書由John Bester翻譯為《*Zen Painting*》〔1970〕，頁97）中指出，豆腐這種簡單而常見的日本食物，是大綱宗彥很喜愛的藝術主題。豆腐是一種隱喻，暗示均衡的人生以及「與萬物同一」。畫裡的四行字暗指在茶室裡應有的態度：和、敬、清、寂。（見註17末尾。）

第27頁

植松永次燒製的日本陶瓶，年份約在二〇〇四年。

第28頁

植松永次燒製的日本陶瓶底部，年份約在二〇〇三年。

第30—31頁

稻田（攝於日本長野）。

第37頁

葉子（攝於加州西馬林）。

第38頁

人行道上的葉子（攝於東京）。

第41—42頁

葉子（攝於加州西馬林）。

第45—46頁

人行道上的葉子（攝於東京）。

第49頁

柵欄上乾枯的藤蔓（攝於東京）。

第50—51頁

某間房子的外觀，是人為刻意維持成此景象。年份約在一九九四年（攝於東京）。

第56—57頁

層層堆疊的海藻。

第59—60頁
粉刷過的金屬箱子（細部），年份約在一九四〇年左右。

第66—67頁
海灘營火晚會結束後留下的木炭。

第69頁
用木炭在紙上畫下的線條。

第70頁
用木炭在紙上畫下的線條，抹去後產生的痕跡。

探侘寂 / 李歐納 . 科仁 (Leonard Koren) 著 ; 黃煜文譯 . -- 初版 . -- 新北市 : 大家
版 , 遠足文化事業股份有限公司 , 2024.12
面 ;　公分 . -- (Common ; 82)
譯自 : Wabi-sabi : further thoughts.
SBN 978-626-7561-16-4 (平裝)

. CST: 日本哲學

113017321

---

mon 82

探侘寂

i-Sabi: Further Thoughts

· 李歐納 · 科仁（Leonard Koren）｜譯者 · 黃煜文｜封面、內頁設計 · ｜責任編輯 · 楊琇茹｜內文排版 · 謝青秀｜行銷企畫 · 洪靖宜｜總編輯 · 玲｜出版者 · 大家出版／遠足文化事業股份有限公司｜發行 · 遠足文化股份有限公司（讀書共和國出版集團）231 新北市新店區民權路 108-2 樓｜電話 · (02)2218-1417　傳真 · (02)8667-1851 ｜劃撥帳號 · 19504465 · 遠足文化事業有限公司｜法律顧問 · 華洋法律事務所　蘇文生律師｜ · 978-626-7561-16-4 ｜定價 · 300 元｜初版一刷 · 2024 年 12 月｜初版 · 2025 年 1 月｜有著作權 · 侵犯必究｜本書如有缺頁、破損、裝訂錯誤，回更換｜本書僅代表作者言論，不代表本公司／出版集團之立場與意見